A LA MÉMOIRE

DE MON PÈRE

M. E. LEFEBVRE

ANCIEN NOTAIRE

ANCIEN JUGE DE PAIX

EX-PRÉSIDENT DE L'ASSOCIATION AMICALE DES ANCIENS
ÉLÈVES DU COLLÈGE DE CHATEAU-THIERRY

ETC., ETC.

Jules LEFEBVRE.

« Hic libellus, honori patris mei destinatus,
« professione pietatis, aut laudatus erit,
« aut excusatus.
                                  « TACITE. »

Château-Thierry. — Imp de l'*Avenir de l'Aisne*,

A LA MÉMOIRE

DE MON PÈRE

M. E. LEFEBVRE

ANCIEN NOTAIRE

ANCIEN JUGE DE PAIX

EX-PRÉSIDENT DE L'ASSOCIATION AMICALE DES ANCIENS
ÉLÈVES DU COLLÈGE DE CHATEAU-THIERRY

ETC., ETC.

JULES LEFEBVRE.

« Hic libellus, honori patris mei destinatus,
« professione pietatis, aut laudatus erit,
» aut excusatus.

« TACITE. »

AUX AMIS

DE

M. EMILE LEFEBVRE

A TOUS CEUX QUI L'ONT CONNU ET ESTIMÉ

AUX AMIS

DE

M. Emile LEFEBVRE

A tous ceux qui l'ont connu et estimé.

M. Lefebvre (Marie-Joseph-Emile), naquit à Fère-en-Tardenois (Aisne), le 5 octobre 1825. Son père, Joseph-Emile Lefebvre, né à Château-Thierry, en 1798, exerça pendant 35 ans environ les fonctions de notaire à Fère-en-Tardenois où il fut élu maire et conseiller d'arrondissement.

M. Joseph-Emile Lefebvre fit entrer son fils comme interne au collège de Château-Thierry en 1833. Le jeune homme, après de fortes études, obtint le diplôme de bachelier ès-lettres, le 30 octobre 1843, et quatre ans plus tard, celui de licencié en droit, après une thèse brillamment soutenue.

Marie-Joseph-Emile Lefebvre débuta dans le notariat en qualité de clerc chez son père auquel il succéda en 1851. Il se démit de sa charge en 1860, et le 24 mai 1865 un décret ministériel l'appelait aux fonctions de juge de paix du canton de Marseille-le-Petit (Oise). Par un autre arrêté, en date du 6 juin 1868, M. Marie-Joseph-

Émile Lefebvre était nommé en la même qualité à Dormans (Marne). Le 5 septembre 1877, et ce fut pour lui un insigne honneur, il était révoqué de ses fonctions pour ses idées trop libérales.

Deux mois après, le 4 novembre 1877, les électeurs de Dormans le nommèrent, à une grande majorité, conseiller d'arrondissement. C'était le plus haut témoignage d'estime qu'ils pussent accorder à leur ancien juge de paix dont ils avaient si bien su apprécier la valeur et les services.

Le gouvernement qui succéda à celui du 16 mai (date si néfaste) crut faire acte de justice et de réparation à l'égard de M. Lefebvre en l'appelant de nouveau aux fonctions de juge de paix à Dormans où il avait su depuis longtemps conquérir l'estime générale.

Vers la fin de 1879, malgré les vives instances de ses supérieurs et de ses justiciables, M. E. Lefebvre se voyait obligé, par raisons de santé, de donner sa démission de juge de paix, fonctions qu'il avait exercées pendant 14 ans avec une parfaite intégrité.

M. Lefebvre, songeant alors à la retraite, fixa sa résidence à Château-Thierry, sa ville de prédilection où il avait passé sa première jeunesse et où il était sûr de retrouver d'anciens camarades de collège, des amis fidèles et dévoués.

Malgré une vie déjà si bien remplie, et bien qu'il eût acquis tant de droits au repos et à la tranquillité, M. Lefebvre, sans tenir compte ni de ses forces ni de sa santé, fut loin de rester inactif,

Le travail était un besoin pour cette nature ardente et énergique. Grâce à la haute estime dont il jouissait à Château-Thierry, il fut successivement nommé membre du Conseil de direction de la Caisse d'épargne, et, à ce titre, chargé souvent du rapport annuel sur les opérations de cet établissement, puis membre du Bureau d'assistance judiciaire près le Tribunal civil, et enfin en 1883, membre du Bureau d'administration du Collège et président de l'Association amicale des anciens élèves du Collège de Château-Thierry, en remplacement de M. Natalis Coutelier, son vieil ami.

C'est dans ces dernières fonctions où il se faisait remarquer autant par sa rare modestie que par sa haute compétence et son dévouement sans bornes, que la mort impitoyable vint, après quelques jours de maladie, enlever M. E. Lefebvre à l'affection de sa famille et de ses nombreux amis. Décédé le 26 octobre, ses obsèques eurent lieu le 28 octobre à onze heures du matin, au milieu d'une foule considérable et recueillie qui tenait à honneur de conduire cet homme de bien à sa dernière demeure, et à lui donner ainsi un dernier et touchant témoignage d'estime et de sympathie. Beaucoup de personnes étaient venues de Fère-en-Tardenois et de Dormans où M. Lefebvre avait laissé de si honorables souvenirs.

Parmi les assistants, on remarquait M. de Novalès, sous-préfet de la République dans l'arrondissement de Château-Thierry, M. Deville, maire et conseiller général pour le canton de Château-

Thierry, M. Albert Callou, premier adjoint et conseiller d'arrondissement, M. Leclere-Cotté, second adjoint au maire, des Conseillers municipaux, M. Héré, président du Tribunal civil de Château-Thierry, M. Bocquillon, juge de paix de notre ville, M. Bouchendomme, le nouveau et sympathique principal du Collège de Château-Thierry et tous ses élèves accompagnés de la musique du Collège, avec bannière recouverte d'un crêpe, M. Fourman, conseiller d'arrondissement pour le canton de Dormans, MM. Alexandre Leclerc et Minelle, conseillers d'arrondissement pour le canton de Fère-en-Tardenois ; M. Fitremann, avoué honoraire, ancien conseiller général ; M. le docteur Corlieu, bibliothécaire-adjoint de la Faculté de médecine de Paris, président honoraire de l'Association amicale des anciens élèves du Collège de Château-Thierry ; une délégation de la Société de secours mutuels de notre ville, bannière voilée en tête ; la Société amicale des anciens élèves de notre Collège ; une délégation de la Compagnie des sapeurs-pompiers, etc., etc.

Les élèves et la Fanfare du Collège précédaient le char ; le cercueil était couvert de fleurs et de couronnes offertes par diverses personnes et sociétés, notamment par l'Association amicale des anciens élèves et par les élèves actuels du Collège. La direction de la Caisse d'épargne avait offert une splendide couronne de violettes naturelles, avec cette inscription, en lettres blanches : « A M. Emile Lefebvre, les Directeurs de la Caisse d'épargne. »

Les cordons du poêle étaient tenus par MM. Corlieu; Dupuis, ancien notaire; Bocquillon, et Deuster, ancien greffier de justice de paix.

Le deuil était conduit par M. Jules Lefebvre, fils du défunt. Après la famille, venait le cortège composé des nombreux amis de M. Lefebvre et d'autres personnes notables.

De la maison mortuaire au cimetière, la fanfare du Collège a joué différentes marches funèbres. Elle s'est aussi fait entendre à l'église.

Sur la tombe, M. le Sous-Préfet a retracé avec éloquence et d'une voix émue la vie publique du républicain sincère, du fonctionnaire intègre, de l'excellent citoyen si regretté de tous.

Nous reproduisons les paroles de M. le Sous-Préfet qui sont le plus bel éloge du défunt :

« Messieurs,

« Comme représentant du Gouvernement de la République et comme président du Bureau d'administration du Collège, il m'incombe aujourd'hui un douloureux devoir : c'est de rendre hommage à l'ancien magistrat, à l'ancien conseiller d'arrondissement, au républicain éprouvé que la mort vient de nous enlever si brusquement : c'est de dire un suprême adieu au collègue éclairé qui nous faisait apprécier, chaque jour davantage, ses qualités d'esprit et de cœur, si obligeamment mises par lui au service de la grande cause de l'enseignement.

« M. Emile Lefebvre, après avoir été notaire à Fère, occupa successivement les fonctions de juge

de paix dans le département de l'Oise et dans une
ville voisine, à Dormans. Son caractère conciliant,
ses manières affables, la sûreté de son jugement
lui eurent bientôt conquis, dans cette dernière
ville, de nombreux amis. Esprit libéral et ouvert
au progrès, il ne pouvait échapper aux rancunes
de ceux qui avaient entrepris d'étouffer la Liberté;
il fut révoqué au 16 mai. Les habitants de Dormans prirent à cœur d'accorder à leur ancien juge
de paix une éclatante réparation : ils l'envoyèrent
siéger au conseil d'arrondissement. Sa nomination
revêtit, dans ces circonstances, un caractère de
protestation qui, s'il fit honneur à l'élu, honora
également les électeurs. Réintégré dans ses fonctions, après la grande manifestation du 14 octobre
1877, M. Lefebvre attendit, entouré de l'estime
de tous, que l'heure de la retraite lui permît
de venir se fixer parmi nous, auprès du Collège qui avait vu ses premiers succès, et à la prospérité duquel il voulait consacrer, après les ba-
tailles de la vie, ses derniers efforts, sa suprême
sollicitude.

« Vous l'avez tous connu, Messieurs, durant ces
années, hélas! trop courtes, où il prit à tâche de conquérir l'estime des habitants de Château-Thierry,
de mériter la reconnaissance publique par ses services aussi discrets que dévoués. D'autres vous
diront ce qu'il fut comme président de l'Association amicale des anciens élèves du Collège, quel
vide va causer sa mort dans cette phalange d'amis
de la jeunesse studieuse, comment il reprenait
encore son rôle de serviteur de la justice au Bureau d'assistance judiciaire, partout enfin où il y
avait un dévouement à employer, une misère à
soulager. Je veux surtout rendre hommage au
collègue plein d'expérience du Bureau d'administration du collège, au citoyen intègre qui ne se

départit jamais des idées de Progrès et de Liberté.
— « Que sa famille désolée reçoive ici l'expression
de notre respectueuse sympathie, de nos douloureux regrets. Qu'une vie aussi dignement remplie
soit pour tous un exemple de ce que peuvent
l'honnêteté et le dévouement mis au service de la
cause de la Liberté, de l'Instruction et de la Justice.

« Au nom du Gouvernement de la République,
dont vous fûtes un fidèle serviteur, au nom du
bureau d'administration du Collège, qui s'inspi-
rera de votre zèle, conservera le souvenir de votre
précieux concours, M. Lefebvre, Adieu ! »

M. Fitremann, ancien camarade et ami de M.
Lefebvre, s'est exprimé ensuite en ces termes, au
nom de l'Association amicale des anciens élèves
du Collège de Château-Thierry :

« Vous venez d'entendre, Messieurs, une voix
autorisée rappeler avec éloquence les titres que,
dans les fonctions publiques qu'il a exercées, l'ami
que nous pleurons ici a acquis à la reconnaissance
de ses concitoyens.

« Il appartient à l'Association amicale des anciens élèves du Collège, dont Lefebvre a été trop
peu de temps, hélas ! le président aimé et sympathique, de vous rappeler quelles furent les qualités de l'homme privé, du bon camarade.

« Notre cher président honoraire l'eût fait
certainement avec plus d'autorité que moi, mais
incertain de savoir s'il pourrait se joindre à nous,
le bureau m'a délégué ce soin précieux, et je dois
surmonter l'émotion profonde dont je suis atteint,
pour remplir ma douloureuse mission.

« Je ne puis oublier qu'il y a trois années à peine, dans ce champ funèbre, j'adressais déjà un suprême adieu à celui qui fut le premier notre président, et voici qu'aujourd'hui je suis appelé à rendre les mêmes devoirs à son successeur.

« Ils appartenaient tous deux à la même génération. Ils avaient tous deux les mêmes affections pour leur vieux collège, le même culte des souvenirs d'enfance, la même amitié pour les anciens camarades, la même bienveillance pour les jeunes. Aussi, quand la mort nous a enlevé Natalis Coutelier, Émile Lefebvre semblait-il tout désigné pour lui succéder.

« Ai-je besoin de vous rappeler, Messieurs, avec quelle bonhomie, quelle cordialité joyeuse et sympathique, notre pauvre ami présidait nos réunions annuelles. Aussi modeste que bon camarade, il s'effaçait volontiers quand il voyait chacun heureux de se retrouver, les souvenirs de l'ancien temps s'échanger fraternellement. La concorde régnait dans ce milieu d'où l'on avait banni avec soin tout ce qui peut diviser.

« Ils sont rares, Messieurs, ces hommes de bien dont la seule présence suffit pour faire oublier toutes les dissensions, toutes les querelles. Notre ami fut un de ceux-là. Aussi chacun de nous gardera-t-il son souvenir au plus profond de son cœur.

« Presque jeune encore, plein de vie et d'activité, estimé dans la retraite d'où il avait su bannir l'oisiveté, entouré d'une famille aimée et qui l'aimait tant, il semblait que Lefebvre eût encore de longs jours devant lui.

Un mal cruel nous l'a brusquement enlevé !

Puissent le concours d'amis qui se pressent autour de son cercueil, ces regrets que toute une cité apporte à sa tombe, adoucir la douleur de sa veuve et celle de son fils qui trouvera toujours parmi les anciens camarades de son père des amis dévoués. »

Après ces paroles si bien inspirées par le cœur, M. Bouchendomme, principal du Collège, s'est fait un devoir d'adresser quelques paroles d'adieu à l'homme de bien qui s'était toujours montré si dévoué aux intérêts et à la prospérité du Collège de Château-Thierry :

« Sur le bord de cette tombe prématurément ouverte, hélas ! j'ai la douloureuse mission, à peine arrivé parmi vous, d'adresser au nom du Collège, un suprême adieu à M. Lefebvre, le vénéré président de l'Association amicale des anciens élèves.

« Des voix plus autorisées que la mienne viennent de vous retracer, dans un langage éloquent parti du cœur, la vie et les qualités de celui que nous pleurons.

« M. Lefebvre appartenait au Collège à bien des titres : cette maison qui avait abrité les années studieuses de sa jeunesse était la sienne. Il l'aimait avec une reconnaissante affection, il s'intéressait à sa prospérité et applaudissait à ses succès.

« Quand les anciens élèves, fidèles au culte du souvenir, conçurent la généreuse pensée de se grouper en Association amicale, M. Lefebvre fut l'un des premiers adhérents.

Aidé du concours d'hommes de cœur dont les noms resteront chers au Collège, il rendit l'Association florissante et lui consacra sans réserve ses lumières et son dévouement. Il en était devenu depuis trois ans le Président, après la mort du regretté M. Coutelier, et je sais déjà avec quel soin patient, quel tact exquis il recherchait, pour leur venir en aide, des infortunes que le monde bien souvent ignore.

« Hélas! il y a quelques jours à peine, dans la dernière réunion du bureau d'administration dont M. Lefebvre était le secrétaire actif, nous admirions encore la vigueur d'esprit et l'aménité charmante de cet homme modeste et bon que la mort allait frapper bientôt d'un coup inattendu.

« La rapidité de cette mort n'a pas permis à l'Université de reconnaître, par une distinction justement méritée, les services rendus au Collège par notre vénéré défunt.

» Le Collège reconnaissant conservera avec un soin religieux le souvenir de M. Lefebvre. Puisse l'amertume de nos regrets apporter un adoucissement à la douleur d'une famile si cruellement éprouvée.

« Puissiez-vous aussi, chers élèves, au milieu des autorités et des anciens du Collège qui vous protègent et vous guident avant votre entrée dans la bataille de la vie, recueillis sur le bord de cette tombe qui va se refermer, vous inspirer des exemples de celui qui n'est plus, et, comme lui, pratiquer toujours le culte de l'honneur, le dévouement à la patrie et l'amour du devoir.

« Au nom du personnel du Collège, au nom de nos élèves, adieu, cher et vénéré Président, adieu. »

Ces trois discours, écoutés avec attention et dans le plus grand recueillement, ont profondément impressionné les assistants qui garderont toujours dans le cœur le souvenir du cher défunt et aimeront à se rappeler avec quel juste honneur on a célébré ses funérailles.

La veille de ce jour funèbre, le Principal du Collège, obéissant à un sentiment qui l'honore ainsi que le défunt, a adressé à Mme Lefebvre une lettre de condoléance ainsi conçue :

ACADÉMIE DE DOUAI
—
Inspection de Laon
—

COLLÉGE

DE
CHATEAU-THIERRY

Château-Thierry, le 27 octobre 1888.

« Madame,

« Le principal et les professeurs du Collége de Château-Thierry, très vivement touchés du malheur qui vous frappe, considèrent comme un devoir de vous offrir ainsi qu'à Monsieur votre fils l'expression de leurs bien sincères sympathies.

« Président de l'Association des anciens élèves, membre du bureau d'administration, M. Lefebvre n'a cessé de donner au Collège les preuves du plus entier dévouement. Aussi sa perte est-elle vivement ressentie par tout le personnel qui s'associe de cœur à votre douleur en ce jour.

« Veuillez agréer, Madame, l'expression de nos plus respectueux sentiments et de nos plus sincères condoléances.

« *Le Principal :*

« (Signé) : BOUGHENDOMME.

« *Les Professeurs :*

« (Signé) : LEBLOND, HACQUARD, HANUS, GEORGEOT, PERIN, ROBERT, NOCLERCQ, REVEL. »

Le lendemain, M. Zeller, inspecteur d'Académie à Laon, voulant, lui aussi, témoigner à la famille quelle juste part il prenait à sa légitime douleur, écrivait à Mme Lefebvre les lignes suivantes qui nous montrent assez le cas qu'on faisait en haut lieu de M. Lefebvre et font pressentir le titre honorifique qui lui était réservé s'il eût vécu plus longtemps :

INSPECTION ACADÉMIQUE   ACADÉMIE DE DOUAI

DE

L'AISNE

Laon, le 28 octobre 1886.

« Madame,

« J'ai appris avec un grand chagrin la mort de M. Lefebvre, Président de l'Association des anciens élèves du Collège de Château-Thierry. J'ai été à même d'apprécier, en maintes occasions, les services distingués que M. Lefebvre a rendus à l'enseignement secondaire et son dévouement à l'Université.

« Veuillez agréer, Madame, l'hommage de mes plus sincères condoléances et de mes sentiments les plus respectueux.

« *L'Inspecteur d'Académie,*

« (Signé) : ZELLER. »

Enfin, M. le docteur Corlieu, camarade de Collège et ami intime de M. Lefebvre, a cru, dans cette douloureuse circonstance, devoir exprimer à Madame Lefebvre ses compliments de condoléance :

Paris, le 29 octobre 1886.

« Madame,

« Je vous prie de vouloir bien m'excuser si je ne suis pas allé hier vous présenter mes compliments de condoléance, à la suite de la triste cérémonie qui nous a privés pour toujours de notre vieux et cher camarade.

« La manifestation imposante a dû vous montrer une fois de plus de quelle estime il jouissait parmi nous, ses amis d'enfance, et parmi ses concitoyens. Personnellement j'en ai été profondément affecté.

« Je vous prie, Madame, de vouloir bien recevoir mes excuses et d'agréer l'assurance de mes sentiments les plus respectueux.

« (Signé) : Dr CORLIEU. »

« Tous ces témoignages de douloureuse
« sympathie, de profonde estime et de
« sincère attachement rendus à la mé-
« moire de mon vénérable père adoucissent
« un peu l'amertume d'une séparation si
« cruelle, si déchirante pour le cœur de
« sa veuve et de son fils désolés. »

Imprimerie de l'*Avenir de l'Aisne*.